LETTRE

SUR

LE DOCUMENT

PUBLIÉ

PAR M. LE DUC DE ROVIGO.

LETTRE

SUR

LE DOCUMENT

PUBLIÉ

PAR M. LE DUC DE ROVIGO.

PARIS,

CHEZ PETIT, PONTHIEU ET DELAUNAY,

LIBRAIRES, AU PALAIS-ROYAL.

1823.

LETTRE

SUR

LE DOCUMENT

PUBLIÉ

PAR M. LE DUC DE ROVIGO.

Le 10 novembre 1823.

EN 1804, l'assassinat juridique du duc d'Enghien fait reconnoître dans Buonaparte l'enfant de la révolution. On est en paix. Un prince, du sang royal de France, se trouve retiré dans un État neutre. On viole la neutralité, et on enlève le jeune prince à main-armée. On se hâte de le conduire rapidement à Vincennes. Là, une manière de commission militaire lui fait subir une espèce d'interrogatoire. Après avoir hésité, on le condamne à mort. L'exécution, hideusement atroce, se fait au milieu des ténèbres. La révolution à l'agonie reprend des forces pour plonger son poignard dans le cœur d'un Bourbon. Le sang coule, et il en est plusieurs qui s'en réjouissent. Un général, chargé de faire exécuter l'horrible jugement, avoit jusqu'alors partagé avec son maître tout l'odieux de ce crime.

Le cri public avoit désigné le général Savary: on l'avoit toujours cru ainsi. A son nom seul, il s'élevoit je ne sais quel murmure flétrissant qui empêchoit de continuer; et, si l'on en parloit, ce n'étoit que pour pleurer sur la tombe de l'infortuné prince.

Mais tout à coup, au milieu de l'agitation politique où se trouve aujourd'hui la société, un homme, revenu de l'exil, se fait entendre. Il élève la voix avec indignation, pour dénoncer à la France le véritable meurtrier du duc d'Enghien. Il a hâte d'effacer les taches de sang qu'on a vues sur son front, de se dépouiller du manteau d'ignominie dont on l'a revêtu, et d'arracher la page de l'histoire où il est écrit : *Savary fut un des assassins du duc d'Enghien.* Il indique du doigt le seul auteur de la mort du prince; il nomme

M. de Bénévent, aujourd'hui M. de Talleyrand; et cet homme, c'est le duc de Savary-Rovigo.

Voici, en trois mots, le résumé du Document de M. de Rovigo : Un personnage considérable d'alors (et ce personnage c'est le prince de Bénévent) *conseilla*, *favorisa*, *hâta* l'exécution du duc d'Enghien. Quant à M. Savary, il ne fit qu'exécuter les ordres qu'il avoit reçus. Ah! M. de Rovigo, c'est déjà bien de trop!

Voyons maintenant, examinons les raisons apportées, les faits allégués par l'auteur pour se justifier.

On apprend à Buonaparte que, dans les conférences tenues par Georges Cadoudal, il se trouvoit un personnage qui devoit être bien important, d'après les marques de respect qu'on lui donnoit. On soupçonne un prince de la Maison de Bourbon d'être ce personnage important, et l'on désigne le duc d'Enghien. C'est ici que commence, contre le ministre des affaires étrangères de 1804, une série d'accusations plus accablantes les unes que les autres : c'est ici que l'on commence à découvrir sur le ministre des traces de sang que l'on n'avoit pas encore aperçues. D'après le Document de M. de Rovigo, c'est le ministre qui a fait tomber les soupçons de Buonaparte sur le duc d'Enghien, qui le lui a représenté comme le personnage important qui figuroit dans la conjuration de Georges.

Aussitôt Buonaparte, pour s'assurer, envoie en Allemagne un émissaire, déjà convaincu de la culpabilité du prince. Cet émissaire revient; et, par son rapport, confirme le jugement que l'on avoit déjà porté. On tient un conseil privé; et, à la suite de ce conseil, des soldats reçoivent l'ordre de passer le Rhin, de se rendre dans les États de Bade, pour s'emparer du duc d'Enghien et de ses papiers. Arrêtons un moment ici. Nous voyons, d'après le Document du duc de Rovigo et les Mémoires du colonel Gourgand, que c'est le même ministre qui décida Buonaparte à violer la neutralité des États de Bade, à faire enlever, à main-armée, le prince innocent; que c'est lui qui, en quelque sorte, arracha à son maître, encore irrésolu, l'ordre de l'arrestation. Quelle foudroyante accusation !

Continuons. Le duc d'Enghien auroit écrit de Strasbourg une lettre au premier consul. Le Mémorial de Sainte-Hélène, les Mémoires d'O'Méara, nous apprennent que le ministre accusé, à qui l'on remit la lettre, la garda jusqu'à l'exécution. « Si j'eusse été instruit à temps, dit Buonaparte, » de certaines particularités concernant les opi- » nions et le naturel du prince; si *surtout j'avois*

» *vu la lettre qu'il m'écrivit, et qu'on ne me remit*
» *(Dieu sait pour quel motif) qu'après qu'il*
» *n'étoit plus*, bien certainement j'eusse par-
» donné. »

Ici les événemens se pressent les uns sur les autres ; hâtons-nous aussi de continuer. Le duc d'Enghien arrive à Vincennes. Buonaparte, alors à la Malmaison, fait appeler le général Savary, et lui remet une lettre pour Murat, gouverneur de Paris. M. de Rovigo rencontre, en entrant chez Murat, le ministre des affaires étrangères. Il ne faut pas passer légèrement sur cette rencontre imprévue, car elle est nécessaire pour bien comprendre les faits qui suivent. Murat ordonne au général Savary, après l'avoir fait attendre, de prendre sous ses ordres une brigade d'infanterie, de la conduire à Vincennes à dix heures du soir. La gendarmerie d'élite, dont M le duc de Rovigo est colonel, reçoit en même temps l'ordre d'en-voyer *un fort détachement tenir garnison à Vin-cennes. On expédie au colonel le double de cet ordre.* Arrivé à Vincennes, M. de Rovigo apprend qu'il s'agit de l'assassinat du duc d'Enghien. Nous ne faisons pas un crime à M. de Rovigo de ne pas l'avoir sauvé; nous savons que ce n'étoit pas possible : mais un homme d'honneur, un brave militaire devoit rejeter avec horreur une pareille commission. Le général Savary, il nous semble, devoit dire : Je suis prêt à marcher contre l'ennemi, quand il le faudra; mais je ne puis ni ne dois présider à un assassinat.

M. de Rovigo a donc toujours participé à ce crime, en commandant les troupes destinées à cette exécution hideusement révolutionnaire.

La commission militaire condamne le prince à mort. On se hâte; on a soif de son sang. On diroit que les juges en ont besion pour prolonger leur existence. L'âme souffre de cet attentat commis avec une froide atrocité : n'en parlons pas ; poursuivons.

Le soir, avant cette horrible exécution, M. Réal, conseiller d'État, reçoit l'ordre de se transporter à Vincennes pour y interroger le duc d'Enghien. Il s'y rend le lendemain en habit de conseiller, et rencontre le duc de Rovigo, qui lui apprend la mort du prince. Le conseiller d'État retourne à Paris, *tout étonné*, et le général, qui ne l'est pas moins, se rend à la Malmaison. Laissons notre âme se remettre de son trouble, et arrêtons-nous un moment ici. Les choses deviennent obscures maintenant. Ceux qui ont précipité le duc d'Enghien dans la tombe, ont tâché aussi d'y renfermer la vérité ; et *ils ont eu soin de l'étouffer partout où ils l'ont vue paroître.*

Pourquoi donc le conseiller d'État Réal va-t-il à Vincennes interroger la victime? et pourquoi donc, à Vincennes, se hâte-t-on de l'immoler? Quelle épouvantable contradiction!

Le premier consul, en envoyant à Vincennes un conseiller d'État interroger le prince, ne vouloit donc pas le faire périr de suite? Mais alors, que fait là cette réponse : Condamnez à mort! effrayante par une énergique scélératesse?

Il faut attendre que de nouvelles révélations viennent encore jeter un nouveau jour sur cette déplorable catastrophe. Ne nous effrayons pas; et, malgré ces ténèbres épaisses, continuons à marcher dans la route ensanglantée que nous a tracée M. de Rovigo.

En quittant M. Réal, le général Savary se rend à la Malmaison, dévoile au consul les horreurs de la nuit; Buonaparte *étonné ne peut concevoir que l'on ait jugé avant l'arrivée du conseiller Réal.* « Il y a là, dit-il, *quelque chose que je ne com-* » *prends pas;* que la commission ait prononcé sur » l'aveu du duc d'Enghien, cela ne me sur- » prend pas; mais enfin on n'a eu l'aveu qu'en » commençant le jugement, et il ne devoit avoir » lieu qu'après que M. Réal l'auroit interrogé sur » un point qu'il importoit d'éclaircir. Il y a là

» *quelque chose qui me passe :* voilà un crime
» qui ne mène à rien et qui ne tend qu'à me
» rendre odieux. »

Buonaparte avoit raison. Dans l'état où se trouvoit alors son ambition, la mort du duc d'Enghien, que *nulle raison absolument* ne motivoit
aux yeux de la politique, qui souvent pardonne
bien des crimes quand son intérêt les demande,
étoit un coup d'État maladroit, et d'une impru-
dente barbarie.

Ces paroles du consul donnent beaucoup à
penser : pesons-les avec attention. Buonaparte
ne s'étonne pas que la commission ait prononcé;
mais il s'étonne que l'on ait commencé le jugement avant l'arrivée de M. Réal. Ce conseiller
d'État devoit interroger la victime : le dessein de
Buonaparte n'étoit donc pas de l'immoler de suite.
Ceci semble évident. Il nous semble encore que
l'intérêt du premier consul exigeoit que le duc
d'Enghien vécût au moins plusieurs jours; car,
comme le fait entendre M. de Rovigo, le silence
que le Gouvernement garda auroit eu je ne sais
quoi de moins repoussant et de moins hideux, si
l'on avoit pu apporter quelques motifs pour aider
à la politique à pallier ce qu'il y avoit d'horrible
dans la sentence de la commission.

Comme d'après M. de Rovigo, on avoit soup-çonné le duc d'Enghien d'être le personnage im-portant de la conjuration de Georges, on vouloit s'assurer de la vérité de fait, pour faire à ce prince un procès. M. Réal, lui-même, dit M. de Rovigo, sembloit croire qu'il y avoit une intri-gue, que l'on n'avoit pressé l'exécution que pour étouffer la vérité. Il est clair qu'il y en avoit une, si l'ordre, donné à M. Réal, de se transporter à Vincennes est un fait certain; si l'étonnement de Buonaparte, au récit du général, Savary, est réel.

Mais que dire de cette exclamation : Ah! mal-heureux Talleyrand, que m'as-tu fait faire! que laisse échapper Buonaparte, en apprenant de Réal l'innocence du duc d'Enghien? Elle accable le ministre des affaires étrangères, elle dit : *c'est lui qui a tout fait.* D'après ce que nous venons de voir, nous pouvons nous résumer et dire; le ministre des affaires étrangères conseilla à son maître l'arrestation du duc d'Enghien.

Le ministre sentit, qu'il étoit absolument de son intérêt, que le prince, une fois arrêté, ne s'é-chappât pas. Rappelons-nous, ici, la rencontre fortuite que fit M. de Rovigo, de ce ministre, chez Murat. N'oublions pas que ce dernier fit attendre M. Savary, après les ordres qu'il devoit recevoir, qu'un conseiller d'État, qui n'étoit attendu de personne; reçut l'ordre de se transpor à Vincennes, qu'il y alla lorsque le prince avoit cessé d'exister. Voilà l'intrigue, et à ce sujet M. de Rovigo nous dit quelque chose qui paroît assez plausible. Le ministre, auteur de l'enlèvement du prince, craignant qu'il n'échappât, se hâta de le précipiter dans la tombe. On agit auprès du gouverneur de Paris, on lui fit entendre que Buonaparte, quoiqu'il n'en eût pas donné l'ordre, ne seroit pas fâché d'être délivré du duc d'Enghien. Voilà sans doute la raison de cette promptitude que l'on mit à faire juger le prince et à le faire exécuter.

M. de Rovigo finit par citer un fait qui est bien dans la nature de l'homme, et que sauront apprécier ceux qui connoissent les gens de cour; M. de Rovigo donne à entendre que le ministre accusé, voulant s'assurer du secret de cet épouvantable mystère, le fit porter, en 1815, lui duc de Rovigo sur une liste de proscription, et ne cessa de demander avec instance son extradition au Gouvernement anglais. C'est un fait, qui, d'après les révélations de M. de Rovigo, prouve beaucoup; l'on refait maintenant avec douleur cette question: quel intérêt pouvoit donc avoir le prince de Bénévent à conseiller à un despote l'enlèvement du duc d'Enghien ? Nous ne voyons ici que ténèbres épaisses : attendons l'avenir.

Quoi qu'il en soit, d'après ce que nous venons de voir, M. de Talleyrand reste seul aujourd'hui chargé de l'odieux d'un horrible attentat. En vain il porte la main à son front : on y lit sa condamnation ; en vain il a cherché à se couvrir du manteau de la politique : on le lui arrache maintenant. Et qu'aperçoit-on....? grand Dieu....! du sang qui coule....!!!

De Verneuil, Marne.

BENOIT JOLLICOEUR.